Werner Hoppe
Das Spannungsverhältnis von Bergwerkseigentum
und Oberflächeneigentum im Lichte des Verfassungsrechts

Schriftenreihe
der
Juristischen Gesellschaft zu Berlin

Heft 123

W
DE
G

1991
Walter de Gruyter · Berlin · New York

Das Spannungsverhältnis von Bergwerkseigentum und Oberflächeneigentum im Lichte des Verfassungsrechts

Von
Werner Hoppe

Vortrag
gehalten vor der
Juristischen Gesellschaft zu Berlin
am 17. Oktober 1990

W
DE
G

1991

Walter de Gruyter · Berlin · New York

Universitätsprofessor Dr. *Werner Hoppe,*
Lehrstuhl für Öffentliches Baurecht, Planungs-
und Umweltrecht der Universität Münster

Christian-Friedrich Menger
zur Vollendung seines
75. Lebensjahres
gewidmet

CIP-Titelaufnahme der Deutschen Bibliothek

Hoppe, Werner:
Das Spannungsverhältnis von Bergwerkseigentum
und Oberflächeneigentum im Lichte
des Verfassungsrechts : Vortrag, gehalten vor der Juristischen
Gesellschaft zu Berlin am 17. Oktober 1990 / von Werner Hoppe. –
Berlin ; New York : de Gruyter, 1991
  (Schriftenreihe der Juristischen Gesellschaft zu Berlin ; H. 123)
  ISBN 3-11-012902-7
NE: Juristische Gesellschaft ⟨Berlin, West⟩: Schriftenreihe der
  Juristischen Gesellschaft e. V. Berlin

Das Spannungsverhältnis von Bergwerkseigentum und Oberflächeneigentum, die beide in den Schutzbereich des Art. 14 Abs. 1 GG fallen, hat von jeher besonderes Interesse in der Rechtswissenschaft gefunden[1]. Mit der noch anhängigen Verfassungsbeschwerde des Grafen von Kanitz, dem Eigentümer der Schloßanlage Cappenberg[2], gegen die Zulassung bergrechtlicher Betriebspläne und mit dem zwischenzeitlich vom Bundesverwaltungsgericht entschiedenen Rechtsstreit um die bergrechtliche Betriebsplanzulassung für die Schachtanlage Niederberg in Moers-Kapellen[3] ist die Problematik nunmehr auch in den Mittelpunkt des rechtspraktischen Interesses gerückt. Wohl nicht unbeeinflußt durch den vom Bundesverfassungsgericht eingeleiteten Wandel in der Eigentumsdogmatik[4] hat sich dabei eine lebhafte Diskussion um die verfassungsrechtlichen Anfor-

---

Meinem Wiss. Assistenten Dr. Martin *Schulte* danke ich für wertvolle vorbereitende und begleitende Arbeiten.

[1] Vgl. dazu etwa *Karpen*, Grundeigentum und Bergbaurechte nach dem Bundesberggesetz v. 13. 8. 1980, AöR 106 (1981), 15 ff.; *Leisner*, Bestandsgarantie des Eigentums – vom Bergrecht unterminiert?, DVBl. 1988, 555 ff.; *Regelmann*, Das Verhältnis zwischen Bergbau und Grundbesitz, 1983, passim; *Hans Schulte*, Zum Verhältnis Bergwerkseigentum – Grundeigentum, NVwZ 1989, 1138 ff.; *Stüer*, Bergbau und Grundeigentum im Widerstreit, NuR 1985, 263 ff.; *Harry Westermann*, Freiheit des Unternehmens und des Grundeigentümers und ihre Pflichtenbindungen im öffentlichen Interesse nach dem Referentenentwurf des Bundesberggesetzes, 1973, passim; *Weitnauer*, Grundeigentum und Bergbau, JZ 1973, 73 ff.

[2] Siehe dazu BVerfG, Urteil v. 26. 7. 1989 – 1 BvR 685/89 –, BVerfGE 80, 360 ff.; OVG NW, Beschluß v. 25. 4. 1989 – 12 B 2614/88 –, DVBl. 1989, 1013 ff.; VG Gelsenkirchen, Beschluß v. 2. 9. 1988 – 8 L 835/88 –, ZfB 131 (1990), 51 ff.; VG Gelsenkirchen, Beschluß v. 24. 10. 1988 – 8 L 1218/88 –, ZfB 131 (1990), 57 ff.; ferner BVerfG, Beschluß v. 28. 8. 1987 – 1 BvR 1048/87 –, BVerfGE 76, 253 ff.; BVerfG, Urteil v. 21. 10. 1987 – 1 BvR 1048/87 –, BVerfGE 77, 130 ff.; OVG NW, Beschluß v. 19. 8. 1987 – 12 B 1589/87 –, NWVBL 1987, 78 ff.

[3] Siehe dazu BVerwG, Urteil v. 16. 3. 1989 – 4 C 36.85 –, DVBl. 1989, 663 ff. m. Anm. v. *Beckmann*, DVBl. 1989, 669 ff.; OVG NW, Urteil v. 20. 12. 1984 – 12 A 704/83 –, ZfB 126 (1985), 198 ff.; VG Düsseldorf, Urteil v. 19. 10. 1982 – 3 K 1329/ 80 –, ZfB 124 (1983), 202 ff.

[4] Richtungweisend insoweit die Naßauskiesungsentscheidung des BVerfG, Beschluß v. 15. 7. 1981 – 1 BvL 77/78 –, BVerfGE 58, 300 ff.; s. dazu neuerdings insb. *Böhmer*, Grundfragen der verfassungsrechtlichen Gewährleistung des Eigentums in der Rechtsprechung des Bundesverfassungsgerichts, NJW 1988, 2561 ff.; *Kreft*, „Die Eigentumsgarantie und verfassungsrechtliche Entschädigungspflichten", in: Verantwortlichkeit und Freiheit, FS Willi Geiger zum 80. Geb., hrsg. v. Faller/Kirchhof/ Träger, 1989, S. 399 ff.; *Schoch*, Die Haftungsinstitute des enteignungsgleichen und enteignenden Eingriffs im System des Staatshaftungsrechts, Jura 1989, 529 ff.

derungen an die Ausgestaltung des Rechtsverhältnisses zwischen Oberflächeneigentümer und Bergbauunternehmen entwickelt.

Die Auseinandersetzungen um eine sachgerechte und adäquate Auflösung des Spannungsverhältnisses von Bergwerkseigentum und Oberflächeneigentum stehen dabei exemplarisch für eine Entwicklung, die dadurch gekennzeichnet ist, daß in der Rechtsprechung und Rechtspraxis die Sensibilität für schwer auflösbare Kollisionslagen von Grundrechten in immer mehr Gebieten des besonderen Verwaltungsrechts wächst. Nach dem Baurecht, dem Wasserrecht und dem Fachplanungsrecht gilt dies nunmehr auch für das Bergrecht. Gerade im Bereich des Bergrechts werden sich Wissenschaft und Praxis zunehmend der Tatsache bewußt, daß sie die Harmonisierung miteinander konfligierender Eigentumspositionen in der Zukunft vor besondere Schwierigkeiten stellen wird. An dem Beispiel des Bergrechts soll gezeigt werden, wie solche grundrechtlichen Konfliktlagen in einem Spezialgebiet gelöst werden und welche Probleme sich im Detail ergeben.

Mit dieser verstärkten Sensibilität der Wissenschaft und Praxis für die Bewältigung einer Kollisionslage zwischen verschiedenen Grundrechtspositionen geht eine weitere Entwicklung einher, die maßgeblich durch den vom Bundesverfassungsgericht in seiner Naßauskiesungsentscheidung eingeleiteten Wandel in der Eigentumsdogmatik geprägt wird. Nach und nach sickern die Erkenntnisse der Naßauskiesungsentscheidung immer stärker in mehr und mehr Gebiete des besonderen Verwaltungsrechts und in die Rechtsprechung der – aus der Sicht des BVerfG – „Fach"gerichte ein. Dabei vollzieht sich ein grundlegender Umdenkungsprozeß im Hinblick auf das Verhältnis von primärem und sekundärem Eigentumsschutz. War bislang davon ausgegangen worden, daß sich der Inhalt des Eigentumsschutzes im Bergrecht grundsätzlich auf eine bloße Wertgarantie in Gestalt des Ersatzes für Bergschäden reduzieren lasse, so wird nunmehr die bestandsschützende Funktion des Art. 14 Abs. 1 GG gegenüber bergbaulichen Vorhaben deutlich stärker akzentuiert. Auch dafür ist die Kontroverse um die Auflösung des Spannungsverhältnisses zwischen Bergwerkseigentum und Oberflächeneigentum von exemplarischer Bedeutung.

Vor dem Hintergrund dieser Entwicklung möchte ich bei der Untersuchung des Spannungsverhältnisses von Bergwerkseigentum und Oberflächeneigentum folgenden Weg beschreiten:

Nach einer kurzen Erläuterung der tatsächlichen und rechtlichen Ausgangslage, in der sich Bergbauunternehmen und Oberflächeneigentümer angesichts der fortschreitenden Nordwanderung des Steinkohlenbergbaus in Nordrhein-Westfalen befinden, wird die verfassungsrechtliche Ausgestaltung des Rechtsverhältnisses zwischen der Bergbehörde, dem Bergbauunternehmen und dem Grundeigentümer den Schwerpunkt der Untersuchung bilden. Im Zentrum der Überlegungen soll dabei eine verfassungsrechtliche Bewertung der tradierten bergrechtlichen Duldungspflicht des Grundeigentümers im Lichte neuerer Erkenntnisse in der Rechtsprechung und Rechtslehre stehen. Abschließend wird der Beitrag der Bundesberggesetz-Novelle 1990 zur Auflösung des Spannungsverhältnisses von Bergwerkseigentum und Oberflächeneigentum gewürdigt.

I. Die Nordwanderung des Steinkohlenbergbaus in Nordrhein-Westfalen

Das seit eh und je latent bestehende Spannungsverhältnis von Bergwerkseigentum und Oberflächeneigentum erfährt mit der Nordwanderung des Steinkohlenbergbaus in Nordrhein-Westfalen sein konkretes Gepräge. Hinter dem Begriff der Nordwanderung des Steinkohlenbergbaus verbirgt sich dabei der Vorgang der Erschließung und Gewinnung der vom Kernruhrgebiet aus gesehen nach Nordwesten abtauchenden Steinkohlenlagerstätten. Für die längerfristigen, über das Jahr 2005 hinausgehenden Planungen ist als Nordgrenze des Kohlereviers eine Linie vorgesehen, die etwa 15 Kilometer südlich von Münster verläuft[5]. Die Nordwanderung des Steinkohlenbergbaus bringt weitreichende Konsequenzen mit sich: Zunächst sind erhebliche sozio-ökonomische Veränderungen in den Bergbaubereichen des nördlichen Ruhrgebietes und im Zielraum der Nordwanderung zu erwarten; des weiteren wird es zu tiefgreifenden Beeinträchtigungen der ökologisch reich strukturierten, ländlich geprägten Landschaften des West- und des zentralen Münsterlandes sowie des Niederrheins kommen; außerdem befinden sich in den Anschlußbereichen der derzeit betriebenen Baufelder kulturhistorische Bau- und Bodendenkmäler von internationalem Rang, die der Nachwelt nach Auffassung der Landesregierung zwar möglichst unverfälscht erhalten bleiben sollen, die aber durch den Bergbau erheblich gefährdet sind. Es ist nur an Schloß Cappenberg und die Schloßanlage Nordkirchen zu erinnern.

Zu diesen öffentlichen Interessen, die bei einer weiter fortschreitenden Nordwanderung des Steinkohlenbergbaus zu berücksichtigen sind, tritt

---

[5] Vgl. zum ganzen *Depenbrock*, Zur Nordwanderung des Steinkohlenbergbaus an der Ruhr, Gesamtkonzept – rechtliche Bewertung – planungsrechtlicher Ausblick, NWVBL 1987, 70 ff.; *Lappe*, Nordwanderung des Steinkohlenbergbaus an der Ruhr, ET 1987, 662 ff.; *Roos*, Ruhrkohle – Energie im eigenen Land, Städte- und Gemeinderat 1985, 183 ff.; *Stöver*, Schloß Cappenberg unter dem Einfluß des Steinkohlenbergbaus, Burgen und Schlösser 1987, 21 ff.

8

schließlich erschwerend das private Interesse des Grundeigentümers an der Abwehr von Eigentumsbeeinträchtigungen durch den Bergbau hinzu.

Bevor auf dieses Spannungsverhältnis von Bergwerkseigentum und Oberflächeneigentum näher eingegangen wird, ist noch ein kurzer Blick auf die derzeitige Lage und die zukünftige Entwicklung des Steinkohlenbergbaus im europäischen Energieversorgungsmarkt zu werfen. Er gibt Aufschluß über den Stellenwert der Steinkohle als Energieträger und liefert damit zugleich die tatsächliche Entscheidungsgrundlage für den Fall, daß Belange des Steinkohlenbergbaus mit anderen Individual- oder Gemeinschaftsrechtsgütern kollidieren.

Seit 1973 hat sich die Struktur des Steinkohlenbergbaus deutlich verändert. Während der Steinkohleabsatz an die inländische Stahlindustrie zwischen 1973 und 1989 um 18 % zurückgegangen ist, hat sich der Steinkohleverbrauch auf dem inländischen Wärmemarkt im selben Zeitraum sogar um 65 % reduziert. Als Folge dieser Entwicklung ergaben sich für die Steinkohle erhebliche Schwierigkeiten bei der Durchsetzung im Wettbewerb mit anderen Energieträgern. Seit 1986 hatten sich diese Schwierigkeiten durch den Preiseinbruch beim Öl sogar noch vergrößert. Deshalb wurde im Oktober 1989 die Einsetzung einer unabhängigen Experten-Kommission der Bundesregierung beschlossen, deren Aufgabe u. a. darin bestehen sollte, eine konsensfähige Anschlußregelung für die Steinkohlepolitik nach Auslaufen des Jahrhundertvertrages im Jahre 1995 zu entwickeln. Im Ergebnis schlägt die sog. Mikat-Kommission in ihrem im März d.J. vorgelegten Zwischenbericht eine weitere Schrumpfung des bundesdeutschen Steinkohlenbergbaus vor, gleichzeitig wird aber im nationalen und europäischen Interesse eine bestimmte Höhe der Kohleförderung für notwendig erachtet. Das Ziel künftiger Kohlepolitik müsse ein leistungs- und lebensfähiger Steinkohlenbergbau sein. Dazu sei es erforderlich, die derzeit hohen Kohlebeihilfen signifikant abzubauen und die nach dem Schrumpfungsprozeß des Steinkohlenbergbaus verbleibenden Zechen dem normalen Wettbewerb auszusetzen[6]. Daraus wird ersichtlich, daß der Steinkohlenbergbau im Zeichen eines sich verändernden Weltenergiemarktes und internationalen Energieversorgungsnetzes seine lange Zeit eingenommene Monopolstellung als Energieträger einge-

---

[6] Zur Lage und zukünftigen Entwicklung des Steinkohlenbergbaus siehe ausführlich den Zwischenbericht der Mikat-Kommission, hrsg. v. Bundesminister für Wirtschaft, 1990, passim u. insb. S. 131 ff.; vgl. in diesem Zusammenhang ferner *Broichhausen*, An der Kohle scheiden sich die Geister, FAZ v. 27.9.1989, Nr. 224, S. 17; „Der Bergbau schluckt weiter das meiste Geld", FAZ v. 24.7.1990, Nr. 169, S. 12, wo u.a. darauf hingewiesen wird, daß die Hälfte des Wirtschaftshaushalts auch 1991 dazu benötigt wird, um den Abbau der teueren einheimischen Kohle gegenüber der billigeren Importkohle zu sichern!

büßt hat. Es bleibt allerdings abzuwarten, wie sich die Golfkrise auf diese Situation auswirkt.

So weit zur tatsächlichen Ausgangslage der Nordwanderung des Steinkohlenbergbaus in Nordrhein-Westfalen!

II. Das Verhältnis von Grundeigentum und bergbaulichen Berechtigungen nach dem Bundesberggesetz

Die rechtliche Ausgangslage, in der sich Bergbauunternehmen und Oberflächeneigentümer angesichts der fortschreitenden Nordwanderung des Steinkohlenbergbaus befinden, wird vornehmlich durch das Bundesberggesetz bestimmt. Ausgehend davon, daß die enge Standortbindung des Bergbaus zu einem fast zwangsläufigen und unausweichlichen Konflikt zwischen den Nutzungsansprüchen des Grundeigentümers an die Oberfläche und den Abbauinteressen des Bergbaus führt, muß das Hauptanliegen des Berggesetzgebers darin gesehen werden, in Anbetracht der nachteiligen Einwirkung des Bergbaus auf das Grundeigentum eine sachgerechte Kollisionsregelung zwischen Grundeigentümer und Bergbauberechtigten zu treffen. Schon bei der Verabschiedung des Bundesberggesetzes hat der Gesetzgeber deshalb sein Hauptaugenmerk auf die Ausgestaltung des Rechtsverhältnisses zwischen Grundeigentümer und Bergbauberechtigten gerichtet[7]. Noch heute findet es seinen Ausdruck in den Vorschriften, die sich mit dem rechtlichen Nebeneinander von Bergbauberechtigung und Grundeigentum, dem System der bergbaulichen Berechtigungen, dem Recht der Grundabtretung, der bergrechtlichen Duldungspflicht des Grundeigentümers und der Bergschadensregelung befassen.

Gemäß § 3 Abs. 2 BBergG stehen grundeigene Bodenschätze im Eigentum des Grundeigentümers. Das Eigentum an einem Grundstück erstreckt sich hingegen nicht auf die sog. bergfreien Bodenschätze, zu denen nach § 3 Abs. 2 BBergG auch die Steinkohle zählt. Der Bundesberggesetzgeber hat die Bergfreiheit der Steinkohle allerdings mit einem System öffentlich-rechtlicher Konzessionierung verknüpft. So bedarf gemäß § 6 Satz 1 BBergG der Erlaubnis[8], wer bergfreie Bodenschätze aufsuchen will; wer bergfreie Bodenschätze gewinnen will, bedarf der Bewilligung[9] oder des Bergwerkseigentums[10].

---

[7] Siehe dazu *Zydeck*, Bundesberggesetz, 1980, S. 410 ff.
[8] Vgl. § 7 BBergG.
[9] Vgl. § 8 BBergG.
[10] Vgl. § 9 BBergG.

Allein mit der rechtlichen Bestimmung der Bergfreiheit für bestimmte Mineralien und mit dem öffentlich-rechtlichen System der Konzessionierung bergbaulicher Berechtigungen ist das rechtliche Verhältnis zwischen Bergbau und Grundeigentum jedoch nicht abschließend zu regeln. Vielmehr sind weitere gesetzliche Konfliktregelungen erforderlich, die festlegen, welche Rechtsfolgen sich aus der Beeinträchtigung des Grundeigentums durch den Bergbau ergeben sollen. Deshalb enthält das Bundesberggesetz z. B. in den §§ 77 ff. ausführliche Vorschriften über die Zulässigkeit, die Voraussetzungen und die Rechtsfolgen der Grundabtretung sowie der damit u. U. verbundenen vorzeitigen Besitzeinweisung (§ 97 BBergG). Durch die Grundabtretung kann die notwendige Benutzung von Grundstücken auch gegen den Willen des Grundeigentümers durchgesetzt werden. So kann gemäß § 77 BBergG auf Antrag eines Unternehmens eine Grundabtretung durchgeführt werden, soweit für die Errichtung oder Führung eines Gewinnungsbetriebes oder Aufbereitungsbetriebes die Nutzung eines Grundstücks notwendig ist. Durch Grundabtretung können das Eigentum, der Besitz und dingliche Rechte an Grundstücken sowie persönliche Rechte, die zum Erwerb, zum Besitz oder zur Nutzung von Grundstücken berechtigen oder deren Benutzung beschränken, entzogen, übertragen, geändert, mit einem dinglichen Recht belastet oder sonst beschränkt werden (§ 78 BBergG). Die Grundabtretung ist im einzelnen Fall nur zulässig, wenn sie dem Wohle der Allgemeinheit dient, insbesondere die Versorgung des Marktes mit Rohstoffen, die Erhaltung der Arbeitsplätze im Bergbau, der Bestand oder die Verbesserung der Wirtschaftsstruktur oder der sinnvolle und planmäßige Abbau der Lagerstätte gesichert werden sollen, und der Grundabtretungsbeschluß unter Beachtung der Standortgebundenheit des Gewinnungsbetriebes auf andere zumutbare Weise nicht erreicht werden kann (§ 79 Abs. 1 BBergG). Die Grundabtretung darf nur in dem Umfang durchgeführt werden, in dem sie zur Verwirklichung des Grundabtretungszweckes erforderlich ist (§ 81 Abs. 1 Satz 1 BBergG). Für die Grundabtretung ist Entschädigung zu leisten (§§ 84 ff. BBergG).

Neben diesen bergrechtlichen Regelungen über die zwangsweise Benutzung, d. h. die gezielte Inanspruchnahme der Erdoberfläche für bergbauliche Zwecke, bedarf es ferner einer Konfliktlösung für die nicht beabsichtigten, aber unvermeidbaren Auswirkungen der Aufsuchung und Gewinnung von Bodenschätzen auf die Erdoberfläche.

Insoweit erlangt die bergrechtliche Duldungsverpflichtung des Grundeigentümers Bedeutung, die im Bundesberggesetz zwar nicht expressis verbis geregelt ist, aber allgemein mit der Ausschließlichkeit des Gewinnungsrechts des Bergbauunternehmers begründet wird. Demzufolge soll der Grundeigentümer auch bei drohenden, erheblichen Bergschäden keinerlei Abwehrrechte gegenüber dem Bergbau besitzen. Ergänzt wird diese bergrechtliche Ausgestaltung des Rechtsverhältnisses zwischen Grundeigentümer und Bergbauberechtigten durch die Vorschriften über das Bergschadensrecht. Danach besitzt der Grundeigentümer als Ausgleich für die ihm auferlegte Duldungspflicht gemäß den §§ 114 ff. BBergG einen verschuldensunabhängigen Schadensersatzanspruch gegenüber den Bergbauunternehmen und dem Bergbauberechtigten.

Nachdem damit die tatsächlichen und (berg)rechtlichen „Eckdaten" im Verhältnis von Grundeigentum und Bergbauberechtigungen bestimmt worden sind, erscheint es nunmehr möglich, sich der verfassungsrechtlichen Ausgestaltung des Rechtsverhältnisses zwischen der Bergbehörde, dem Bergbauunternehmen und dem Grundeigentümer zuzuwenden. Dabei begegnet uns jedoch zunächst noch die unlängst sogar als „Gretchenfrage" des Öffentlichen Rechts[11] bezeichnete Vorfrage, ob der Nachbarschutz des Grundeigentümers gegenüber dem Bergbau überhaupt dem Öffentlichen Recht untersteht oder allein Sache des Privatrechts ist.

III. Die verfassungsrechtliche Ausgestaltung des Rechtsverhältnisses zwischen der Bergbehörde, dem Bergbauunternehmen und dem Grundeigentümer

1. Zum Verhältnis von öffentlich-rechtlichem und privatem Nachbarschutz im Bergrecht

In jüngster Zeit hat sich vor allem *Hans Schulte* dezidiert für eine dahingehende „Arbeitsteilung zwischen öffentlichem Recht und Privatrecht" ausgesprochen, und zwar dafür, den „Nachbarschutz des Grundeigentümers gegenüber Bergbau privatrechtlich aus dem Rücksichtnahmegebot des nachbarlichen Gemeinschaftsverhältnisses abzuleiten und den Primärrechtsschutz durch die offenkundig vorhandene Präventionswirkung des Bergschadensersatzanspruchs (gegen den der Bergbau sich nicht versichern kann!) als hinreichend gewährleistet anzusehen"[12]. Nach seiner Ansicht wäre es „lebensfremd", einem Bergbauunternehmen unterstellen zu wollen, daß es bei seinen Planungen nicht versuchen werde, Bergschäden ökonomisch sinnvoll zu minimieren. Drohende Schadensersatzansprüche könnten deshalb potentielle Schädiger durchaus von schädigen-

---

[11] *Hans Schulte*, Buchbesprechung zu Hoppe/Beckmann, Grundeigentumsschutz bei heranrückendem Bergbau, 1988, NVwZ 1989, 545.
[12] *Ders.*, ebd.

12

den Handlungen abhalten und damit im Sinne eines Primärrechtsschutzes Präventionswirkung entfalten. Außerdem gewährleiste das Zivilrecht über die §§ 117 Abs. 1 BBergG, 249 Satz 2 i. V. m. 251 Abs. 2 BGB dadurch Integritätsschutz, daß bei einer Beschädigung von Sachen grundsätzlich Naturalrestitution zu leisten sei, und zwar selbst dann, wenn die Kosten den wirtschaftlichen Wert der Sache übersteigen[13].

Dieser Rechtsauffassung zum Verhältnis von öffentlich-rechtlichem und privatem Nachbarschutz im Bergrecht ist mit Nachdruck zu widersprechen. Ob dem Bergschadensersatzanspruch tatsächlich die behauptete – „offenkundig vorhandene" – Präventionswirkung zukommt, soll an dieser Stelle – bei allen Zweifeln – ganz unberücksichtigt bleiben; rechtlich stellt sich das ganze als Rückkehr zur alten, heute kaum noch vertretenen These vom Vorrang des Zivilrechts gegenüber dem öffentlichen Nachbarrecht dar[14]. So läßt sich zunächst die rechtliche Charakterisierung des Dreiecksverhältnisses zwischen der Bergbehörde, dem Bergbauunternehmen und dem Grundeigentümer nicht auf das zweifellos privatrechtlich gestaltete Rechtsverhältnis zwischen dem Bergbauunternehmen und dem Grundeigentümer reduzieren. Dieses Privatrechtsverhältnis gibt nämlich keinen Aufschluß über die Natur der Rechtsbeziehungen zwischen der Bergbehörde und dem Bergbauunternehmen einerseits sowie der Bergbehörde und dem Grundeigentümer andererseits. Sie sind nach allgemeiner Auffassung dem öffentlichen Recht zuzuordnen[15].

Bedenken gegen die These vom Vorrang des Zivilrechts gegenüber dem öffentlichen Nachbarrecht ergeben sich aber auch aus der Ausgestaltung des Zivilrechtsschutzes. So müßte der einzelne Grundeigentümer stets das Risiko tragen, in einem Prozeß gegen das regelmäßig erheblich finanzkräftigere Bergbauunternehmen bei unkalkulierbaren Streitwerten zu unterliegen[16]. Des weiteren bedürfte es für die nach öffentlichem Recht unproblematische Einsichtnahme des Grundeigentümers in die Planungen des Bergbauunternehmens der – einem juristischen „Kunststoß" vergleichbaren – Interpretation des § 809 BGB im Sinne eines Auskunftsan-

---

[13] Ders. (Fn. 1), NVwZ 1989, 1138, 1139 f.
[14] Siehe dazu früher Redeker, Nachbarklage – öffentlich-rechtlich oder zivilrechtlich?, NJW 1959, 749 ff.; Sellmann, Entwicklung und Problematik der öffentlich-rechtlichen Nachbarklage im Baurecht, DVBl. 1963, 273 ff.; modifizierend heute Konrad, Verwaltungsrechtsschutz im Nachbarschaftsverhältnis, BayVBl. 1984, 33 ff., 70 ff.; Schwerdtfeger, Baurechtlicher Drittschutz und Parlamentsvorbehalt, NVwZ 1983, 199 ff., 201; vgl. ferner Peine, Öffentliches und Privates Nachbarrecht, JuS 1987, 169, 172 m. w. N.
[15] Breuer, Baurechtlicher Nachbarschutz, DVBl. 1983, 431, 435 m. w. N. in Fn. 40.
[16] Peine (Fn 14), JuS 1987, 169, 173.

spruchs des Grundeigentümers gegenüber dem Bergbauunternehmen. Schließlich ist auch noch § 945 ZPO im Auge zu behalten, der den Grundeigentümer der Gefahr aussetzt, bei einstweiligen Verfügungen hohe Schadensersatzverpflichtungen zu riskieren. Dies wird auch von den Vertretern der Vorrangthese des Zivilrechts gegenüber dem öffentlichen Nachbarrecht erkannt. Sie schlagen deshalb – allerdings ohne rechtlichen Anknüpfungspunkt – vor, einstweilige Verfügungen nach den §§ 935 ff. ZPO bei Grundrechtskollisionen (hier zwischen dem Bergbauunternehmen und dem Grundeigentümer) verfassungskonform von der Schadensersatzpflicht des § 945 ZPO freizustellen[17]. Nimmt man diese Gesichtspunkte in ihrer Gesamtheit in den Blick, so dürfte von einem Vorrang des Zivilrechts gegenüber dem öffentlichen Nachbarrecht nicht länger die Rede sein[18].

Damit soll jedoch ebensowenig gesagt sein, daß deshalb dem öffentlich-rechtlichen Nachbarschutz der Vorrang gegenüber dem Zivilrecht gebührt[19]; vielmehr ist mit der herrschenden Meinung in der Rechtsprechung und im Schrifttum von der sog. Zweigleisigkeitsthese, d. h. der prinzipiellen Gleichrangigkeit des privatrechtlichen und öffentlich-rechtlichen Nachbarrechtsschutzes auszugehen[20]. Diese Sichtweise hat in der Naßauskiesungsentscheidung des Bundesverfassungsgerichts ihre Bestätigung gefunden, wenn es dort heißt, daß bei der Bestimmung der verfassungsrechtlichen Rechtsstellung des Eigentümers Bürgerliches Recht und öffentlich-rechtliche Gesetze gleichrangig zusammenwirken[21].

---

[17] Zur Problematik des § 809 BGB und des § 945 ZPO s. insb. *Hans Schulte* (Fn. 1), NVwZ 1989, 1138, 1140.

[18] Zum Verhältnis von öffentlich-rechtlichem und privatem Nachbarrecht sowie zur Vorrangthese des Zivilrechts gegenüber dem öffentlichen Nachbarrecht vgl. insb. *Kleinlein,* Das System des Nachbarrechts, 1987, S. 1 ff., 58 ff.; *v. Mutius,* Rechtsschutz im Baurecht, Jura 1989, 297, 306 ff.; *Peine* (Fn. 14), JuS 1987, 169 ff., 172.

[19] Zur Vorrangthese des öffentlichen Nachbarrechts gegenüber dem Zivilrecht s. insb. BVerwG, Urteil v. 19. 1. 1989 – 7 C 77.87 –, DVBl. 1989, 463, 464; *Bartlsperger,* Das Dilemma des baulichen Nachbarrechts, VerwArch. 60 (1969), 35, 59, 62; *Breuer* (Fn. 15), DVBl. 1983, 431, 436, 438; vgl. ferner dazu *Kleinlein* (Fn. 18), S. 62 ff. m. w. N.; *Peine* (Fn. 14), JuS 1987, 169, 172 f. m. w. N.

[20] BGH, Urteil v. 17. 12. 1982 – V ZR 55/82 –, NJW 1983, 751 f.; *v. Mutius* (Fn. 18), Jura 1989, 297, 306; *Papier,* Wirkungen des öffentlichen Planungsrechts auf das private Immissionsschutzrecht, in: Pikart/Gelzer/Papier, Umwelteinwirkungen durch Sportanlagen, 1984, S. 97, 104; *Peine* (Fn. 14), JuS 1987, 169, 174 im Sinne der „relativen Zweigleisigkeitsthese"; zu weiteren Nachweisen vgl. ferner *Kleinlein,* ebd., S. 6 ff.; kritisch *Breuer,* ebd.

[21] BVerfG, Beschluß v. 15. 7. 1981 – 1 BvL 77/78 –, BVerfGE 58, 300, 336.

Schwierig wird das Verhältnis von öffentlichem und privatem Nachbarrecht auf der Grundlage der Zweigleisigkeitsthese jedoch dann, wenn es
zwischen den beiden Rechtsordnungen zu Konkurrenzen und Wertungs-
widersprüchen bezüglich desselben Sachverhalts kommt[22]. Wertungswidersprüche zwischen dem öffentlichen und privaten Nachbarrecht können dabei auch nicht einfach hingenommen werden, weil sie gegen das
rechtsstaatliche Gebot der Rechtssicherheit und den Gleichbehandlungs-
grundsatz verstoßen[23].

Für das hier allein interessierende Verhältnis des Privatrechts (Bergschadensersatzanspruch nach dem BBergG) zum Verfassungsrecht
(Bestandsschutz nach Art. 14 GG) ist am Vorrang der Verfassung (Art. 20
Abs. 3 GG) festzuhalten[24]. Dies wird nicht zuletzt am Beispiel der Moers-
Kapellen-Entscheidung des Bundesverwaltungsgerichts deutlich, in der es
heißt, daß der nahezu einhellig vertretenen Auffassung, der Inhalt des
Oberflächeneigentums umfasse von jeher nicht die Befugnis zur Abwehr
bergrechtlicher Einwirkungen und der Oberflächeneigentümer sei deswegen allein auf den Bergschadensersatzanspruch – „dulde und liquidiere" –
verwiesen, aus verfassungsrechtlichen Gründen nicht uneingeschränkt zu
folgen sei[25]. Das Verhältnis von öffentlich-rechtlichem und privatem
Nachbarschutz läßt sich folglich nicht einfach auf die simple Frage einer
geeigneten „Arbeitsteilung zwischen öffentlichem Recht und Privatrecht"
zurückschneiden, wie der Bergrechtler *Schulte* dies will.

Es darf damit als gesichert gelten, daß sich das Spannungsverhältnis von
Bergwerkseigentum und Oberflächeneigentum nicht auf das Rechtsverhältnis zwischen dem Bergbauunternehmen und dem Grundeigentümer
begrenzen läßt. Vielmehr ist eine Gesamtschau der Rechtsbeziehungen
zwischen der Bergbehörde, dem Bergbauunternehmen und dem Grundeigentümer erforderlich. Dieses Dreiecksverhältnis untersteht zumindest
auch dem Öffentlichen Recht. Ich möchte mich deshalb nunmehr den
verfassungsrechtlichen Anforderungen an das bergrechtliche Regelungs-
system zur Ausgestaltung dieses Rechtsverhältnisses, und zwar speziell
der bergrechtlichen Duldungpflicht des Grundeigentümers gegenüber
Eigentumsbeeinträchtigungen durch den Bergbau zuwenden.

---

[22] *Kleinlein* (Fn. 18), S. 10 ff.
[23] *Ders.*, ebd., S. 12 mit dem Vorschlag, daß solche Wertungswidersprüche
durch Rechtsfortbildung vermieden werden sollen und bei der Rechtsanwendung
soweit wie irgend möglich behoben werden müssen.
[24] Zum Verhältnis von Privatrecht und Verfassungsrecht s. neuerdings *Hesse*,
Verfassungsrecht und Privatrecht, 1988, passim; zum Primat der Verfassung gegenüber dem Privatrecht s. *ders.*, ebd., S. 20.
[25] BVerwG, Urteil v. 16. 3. 1989 – 4 C 36.85 –, DVBl. 1989, 663, 665.

2. Die bergrechtliche Duldungspflicht des Grundeigentümers im Lichte des Verfassungsrechts

Neben der Bergfreiheit und dem mit ihr verbundenen System der öffentlich-rechtlichen Konzessionierung bergbaulicher Berechtigungen[26] sowie den Regeln über die Grundabtretung und die vorzeitige Besitzeinweisung[27] zählt die bergrechtliche Duldungspflicht des Grundeigentümers zu den Eckpfeilern des bergrechtlichen Regelungssystems. Sie greift äußerst weitgehend in Rechtspositionen des Grundeigentümers ein und ist deshalb in jüngster Zeit sowohl in der Rechtsprechung als auch in der Rechtslehre heftig umstritten. Aus diesen Gründen möchte ich mich in den nachfolgenden Überlegungen darauf konzentrieren, die bergrechtliche Duldungspflicht des Grundeigentümers auf ihre Vereinbarkeit mit der Verfassung zu überprüfen.

Lange Zeit ist in der Rechtsprechung und im Schrifttum fast ausnahmslos von der Verfassungskonformität der bergrechtlichen Duldungspflicht des Grundeigentümers gegenüber Eigentumsbeeinträchtigungen durch den Bergbau ausgegangen worden. So hat das Grundeigentum nach Ansicht der Oberverwaltungsgerichte Münster und Lüneburg seit jeher nie die Befugnis beinhaltet, bergbauliche Einwirkungen abzuwehren. Ergebe sich aber, daß der Grundeigentümer eine bestimmte Befugnis nicht habe, so gehöre diese nicht zu seiner durch Art. 14 GG geschützten Rechtsposition[28]. Auch der Bundesgerichtshof ist vor dem Inkrafttreten des Bundesberggesetzes davon ausgegangen, daß der Grundeigentümer Einwirkungen des Bergwerksbetriebs auf seinem Grundstück dulden müsse und nicht befugt sei, sich gegen sie mit zivilrechtlichen Unterlassungsansprüchen zur Wehr zu setzen. Das Grundeigentum werde durch die Befugnisse des Bergbauberechtigten ganz erheblich zu dessen Gunsten

---

[26] Siehe dazu *Hoppe/Beckmann*, Grundeigentumsschutz bei heranrückendem Bergbau, 1988, S. 39 ff.

[27] Siehe dazu BVerfG, Beschluß v. 28. 8. 1987 – 1 BvR 1048/87 –, BVerfGE 76, 253 ff.; BVerfG, Urteil v. 21. 10. 1987 – 1 BvR 1048/87 –, BVerfGE 77, 130 ff.; OVG NW, Beschluß v. 19. 8. 1987 – 12 B 1589/87 –, NWVBL 1987, 78 ff.; OVG NW, Urteil v. 28. 4. 1988 – 12 A 903/86 –, ZfB 129 (1988), 371 ff.; aus der Rechtslehre insb. *Hoppe/Beckmann*, ebd., S. 41 ff.; *Krüger*, Verfassungsrechtlicher Eigentumsschutz für den Bergbau, in: Berg- und Energierecht vor den Fragen der Gegenwart, FS Fabricius zum 70. Geb., hrsg. v. Hüffer/Ipsen/Tettinger, 1989, S. 99 ff.; *Lange*, Grundabtretung und vorzeitige Besitzeinweisung im bergrechtlichen Betriebsplanverfahren, DÖV 1988, 805 ff.

[28] OVG Münster, Urteil v. 20. 12. 1984 – 12 A 704/83 –, ZfB 126 (1985), 198; OVG Lüneburg, Urteil v. 18. 12. 1985 – 7 OVG A 2/85 –, ZfB 127 (1986), 358; vgl. unlängst noch OVG NW, Beschluß v. 19. 8. 1987 – 12 B 1589/87 –, NWVBL 1987, 78, 79.

beschränkt[29]. Im bergrechtlichen Schrifttum ist stets darauf hingewiesen worden, daß der Bergwerkseigentümer mit dem Gewinnungsrecht normativ die Befugnis erhalte, die zu einer sachgemäßen Gewinnung der Mineralien erforderlich sei. Er werde mit einem Verfügungsrecht ausgestattet und trete in eine Beziehung zu der rechtlich nun ihm zuzurechnenden Sache. In dem Ausschluß des Grundeigentümers liege eine Funktionsbewertung zu seinen Lasten und zugunsten des Gewinnungsberechtigten. Der Bergwerkseigentümer dürfe seine Mineralien abbauen, auf der Erdoberfläche Betriebsanlagen errichten und sei ebenso befugt, das Grundeigentum zu beschädigen, sofern bergmännisch richtig geführter Abbau dies nicht vermeiden lasse[30].

Es muß eigentlich verwundern, daß sich diese äußerst restriktive Interpretation des Art. 14 Abs. 1 GG für den Oberflächeneigentümer in der Rechtsprechung und Literatur so lange Zeit hat halten können. Um so bemerkenswerter ist es jedoch, daß das Bundesverwaltungsgericht nunmehr mit seiner Entscheidung in Sachen Moers-Kapellen einen ersten Schritt in die Richtung unternommen hat, dem Bestandsschutz des Grundeigentums auch im Bergrecht stärkere Bedeutung zu verleihen[31]. Es erscheint mir deswegen geboten, auf die weitreichenden Aussagen des Bundesverwaltungsgerichts zu den verfassungsrechtlichen Grundlagen des Bergrechts, die in einem ganz außergewöhnlich umfangreichen obiter dictum enthalten sind, näher einzugehen, um auf diese Weise zu verdeutlichen, wie unverkennbar sich das Gericht damit von der bisherigen, oberflächeneigentümerunfreundlichen obergerichtlichen Rechtsprechung absetzt.

Mit dem Bundesverwaltungsgericht ist zunächst davon auszugehen, daß es sich bei der bergrechtlichen Duldungspflicht des Grundeigentümers gegenüber Eigentumsbeeinträchtigungen durch den Bergbau um Inhalts- und Schrankenbestimmungen gemäß Art. 14 Abs. 1 Satz 2 GG handelt[32]. Durch den bergrechtlichen Ausschluß des Abwehranspruchs (argumentum ex §§ 8, 114 ff. BBergG) erhält der Bergbau zwar die Möglichkeit, seine Unternehmungen unter Beeinträchtigung des Grundeigentums durchzuführen. Die rechtlichen Regelungen sind jedoch keine unmittelbare Einschränkung im Sinne einer Legalenteignung, weil die Durchfüh-

---

[29] BGH, Urteil v. 7.11.1974 – III ZR 107/72 –, BGHZ 63, 234, 237; BGH, Urteil v. 23.4.1958 – V ZR 32/57 –, BGHZ 27, 149, 155; BGH, Urteil v. 16.2.1970 – III ZR 136/68 –, BGHZ 53, 226.

[30] Vgl. dazu *Boldt/Weller*, Bundesberggesetz Kommentar, 1984, § 8 Rdn. 8.

[31] *Beckmann*, Urteilsanmerkung zu BVerwG, Urteil v. 16.3.1989 – 4 C 36.85 –, DVBl. 1989, 663 ff., DVBl. 1989, 669, 672, der allerdings zu Recht darauf hinweist, daß das Bundesverwaltungsgericht insgesamt „auf halbem Wege stehengeblieben" ist.

[32] BVerwG, Urteil v. 16.3.1989 – 4 C 36.85 –, DVBl. 1989, 663, 666.

rung der bergbaulichen Vorhaben von weiteren administrativen Entscheidungen (bergbauliche Berechtigung und Betriebsplanzulassung) abhängt. Die bergrechtlichen Regelungen entziehen also nicht unmittelbar und ohne weiteren Vollzugsakt einem bestimmten Kreis von Eigentümern konkretes Eigentum. Vielmehr versucht der Gesetzgeber durch den Ausschluß des Abwehranspruchs abstrakt-generell gesetzgeberische Ziele durch die Gestaltung eigentumsrechtlicher Positionen im Sinne einer Inhalts- und Schrankenbestimmung zu überwinden.

Als Inhalts- und Schrankenbestimmung gemäß Art. 14 Abs. 1 Satz 2 GG muß die bergrechtliche Duldungspflicht des Grundeigentümers den materiell-rechtlichen Anforderungen des Grundgesetzes entsprechen. Nach Auffassung des Bundesverfassungsgerichts hat der Gesetzgeber deshalb bei der Wahrnehmung seines Auftrags, Inhalt und Schranken des Eigentums zu bestimmen, sowohl die grundgesetzliche Anerkennung des Privateigentums durch Art. 14 Abs. 1 Satz 1 GG als auch das Sozialgebot des Art. 14 Abs. 2 GG zu beachten und sich im Einklang mit allen anderen Verfassungsnormen zu halten; insbesondere ist er an den verfassungsrechtlichen Grundsatz der Verhältnismäßigkeit und den Gleichheitsgrundsatz des Art. 3 Abs. 1 GG gebunden[33].

Diese Maßstäbe einer verfassungsrechtlich zulässigen Inhalts- und Schrankenbestimmung hat das Bundesverwaltungsgericht ausdrücklich aufgegriffen und auf das Bergrecht übertragen. Danach kann die bisher vertretene These vom generellen und absoluten Vorrang des Bergbaus vor dem Oberflächeneigentum unter der Herrschaft des rechtsstaatlichen Grundsatzes der Verhältnismäßigkeit[34] nicht mehr aufrechterhalten werden. Vielmehr verlangen die freiheitssichernde Bedeutung der Substanzgarantie des Eigentums gemäß Art. 14 Abs. 1 GG und der Verfassungsgrundsatz der Verhältnismäßigkeit, „daß auch bei der behördlichen Zulassung bergbaulicher Aufsuchungs- und Gewinnungsbetriebe im Interesse des Sachgüterschutzes für Drittbetroffene zunächst Möglichkeiten der Verhinderung oder Begrenzung schwerwiegender Einwirkungen auf das Oberflächeneigentum durch Auflagen oder Beschränkungen bis hin zur teilweisen oder völligen Untersagung des Abbaus ausgeschöpft werden und der Betroffene erst in zweiter Linie sowie nur aufgrund einer dem Verhältnismäßigkeitsgrundsatz entsprechenden Abwägung der gegenläu-

---

[33] BVerfG, Beschluß v. 7.7.1971 – 1 BvR 765/66 –, BVerfGE 31, 229, 240; BVerfG, Beschluß v. 8.11.1972 – 1 BvL 15/68 und 26/69 –, BVerfGE 34, 139, 146; BVerfG, Beschluß v. 12.6.1979 – 1 BvL 19/76 –, BVerfGE 52, 1, 27, 29f.; BVerfG, Beschluß v. 15.7.1981 – 1 BvL 77/78 –, BVerfGE 58, 300, 338.
[34] Zum Verstoß der bergrechtlichen Duldungspflichten des Grundeigentümers gegen den Grundsatz der Verhältnismäßigkeit s. insb. *Hoppe/Beckmann* (Fn. 26), S. 89ff.

figen Interessen auf den Ersatz von Bergschäden verwiesen werden darf. Dieser Grundrechtsschutz hat in einem geeigneten Verfahren zu erfolgen, in dem der betroffene Eigentümer alle für die Verhältnismäßigkeit des beabsichtigten Bergbaus erheblichen Einwendungen vorbringen kann"[35].

Das Bundesverwaltungsgericht hat damit die Eckpfeiler seiner Bemühungen um den Abbau des Verfassungsrechtsdefizits im Bergrecht sehr deutlich gemacht. Sie lauten zusammengefaßt:

1. Strikte Beachtung des verfassungsrechtlich fundierten Grundsatzes der Verhältnismäßigkeit.
2. Umfassende und sachgerechte Abwägung aller von einem Bergbauvorhaben betroffenen Belange, und zwar im Abwägungsverfahren und im Abwägungsergebnis.
3. Grundrechtsschutz durch Verfahren.

Daß diese grundlegenden Aussagen zur Bedeutung des Verfassungsrechts für die Auflösung des Spannungsverhältnisses von Bergwerkseigentum und Oberflächeneigentum die zukünftige Rechtsprechung im Bereich des Bergrechts ganz maßgeblich prägen werden, dürfte bereits heute außer Frage stehen.

Schwierigkeiten hat dem Bundesverwaltungsgericht offensichtlich die Suche nach einer sachgerechten Lösung des Konflikts bereitet, wenn zwei grundrechtlich geschützte Rechtspositionen, nämlich das Bergwerkseigentum und das Oberflächeneigentum, aufeinandertreffen. Es sieht diese sachgerechte Lösung bei Anwendung des Bergrechts, wie es bisher verstanden und ausgelegt wurde, als nicht garantiert an. Als mögliche Lösungswege werden die verfassungskonforme Auslegung des geltenden Bergrechts, die Setzung neuer Rechtsnormen sowie die Verlagerung der Konfliktlösung im Einzelfall auf ein behördliches Verfahren erwogen, das eine sachgerechte Abwägung der berührten Interessen gestattet[36]. Das Bundesverwaltungsgericht hat dabei gemeint, dem Spannungsverhältnis von Bergwerkseigentum und Oberflächeneigentum im Wege einer verfassungskonformen Auslegung des Bergrechts, insbesondere seines § 48 Abs. 2, gerecht werden zu können.

Gemäß § 48 Abs. 1 BBergG kann die für die Zulassung von Betriebsplänen zuständige Behörde eine Aufsuchung oder eine Gewinnung beschränken oder untersagen, soweit ihr überwiegende öffentliche Interessen entgegenstehen. Nach Ansicht des Bundesverwaltungsgerichts stellt die Beeinträchtigung eines einzelnen Oberflächeneigentümers durch Maßnahmen des Bergbaus – auch wenn sie im Einzelfall erheblich ist – nach

---

[35] BVerwG, Urteil v. 16.3.1989 – 4 C 36.85 –, DVBl. 1989, 663, 668.
[36] BVerwG, ebd., DVBl. 1989, 663, 667.

dem Wortlaut und der Systematik des Bundesberggesetzes für sich gesehen kein überwiegendes öffentliches Interesse i. S. des § 48 Abs. 2 BBergG
dar. Überwiegende öffentliche Interessen im Sinne dieser Vorschrift seien
aber dann berührt, wenn der gebotene Schutz des Grundrechts des
Oberflächeneigentümers aus Art. 14 Abs. 1 GG im Verfahren der Bergbehörde in verfassungswidriger Weise generell hintangestellt werden dürfte
und ohne die Möglichkeit der abwägenden Prüfung des Einzelfalles in
einem Verwaltungsverfahren auch unverhältnismäßige Eigentumsbeeinträchtigungen durch die Zulassung von bergbaulichen Tätigkeiten gestattet wären. Insoweit sei § 48 Abs. 2 BBergG offen für eine Auslegung,
wonach die Bergbehörde den Grundrechtsschutz zugunsten des Oberflächeneigentums in ihren Verfahren – etwa bei Zulassung eines vom Bergbauunternehmen zu verlangenden Rahmenbetriebsplans (§ 52 Abs. 2 Nr. 1
BBergG) – in geeigneter Weise und in dem erforderlichen Umfang sowohl
formell als auch materiell zu gewährleisten habe, wenn nur dadurch eine
unverhältnismäßige Beeinträchtigung des Oberflächeneigentums, eine
Beeinträchtigung von „einigem Gewicht", also eine erhebliche Beeinträchtigung vermieden werden könne[37].

M. E. erscheint allerdings der vom Bundesverwaltungsgericht einge-
schlagene Weg einer verfassungskonformen Auslegung des § 48 Abs. 2
BBergG zur Auflösung des Spannungsverhältnisses von Bergwerkseigentum und Oberflächeneigentum aus mehreren Gründen nicht gangbar:

1. Bei dem Ansatz des Bundesverwaltungsgerichts bleiben Beeinträchtigungen eines einzelnen Oberflächeneigentümers durch Maßnahmen des
Bergbaus, auch wenn sie im Einzelfall erheblich sind, unberücksichtigt.
Der Schutz des Art. 14 Abs. 1 GG kann aber nicht auf die Beeinträchtigung einer größeren Anzahl von Eigentümern beschränkt werden und nur
dann eingreifen, sofern diese in ihrer Summierung als eine Beeinträchtigung von „einigem Gewicht" anzusehen ist.

2. Eine verfassungswidrige Regelung der Duldungspflicht – die gene-
relle Hintanstellung des gebotenen Schutzes des Grundrechts des Oberflächeneigentums aus Art. 14 Abs. 1 GG im Verfahren der Bergbehörde
und die Gestattung auch unverhältnismäßiger Eigentumsbeeinträchtigungen durch die Zulassung von bergbaulichen Tätigkeiten ohne die Möglichkeit der abwägenden Prüfung des Einzelfalls in einem Verwaltungsverfahren – stellt kein entgegenstehendes überwiegendes öffentliches
Interesse i. S. des § 48 Abs. 2 BBergG dar, das durch Eliminierung dieser
Duldungspflicht im Wege verfassungskonformer Auslegung dieser Vorschrift korrigiert werden könnte.

---

[37] BVerwG, ebd., DVBl. 1989, 663, 668.

20

Es dürfte schon fraglich sein, ob überhaupt die Anwendungsvorausset-
zungen für eine verfassungskonforme Auslegung des Bundesberggesetzes,
insbesondere seines § 48 Abs. 2, vorlagen. Die verfassungskonforme Auslegung einer Rechtsvorschrift ist nämlich nur zulässig, wenn eine entspre-
chende Auslegung nach herkömmlichen Auslegungsmethoden möglich
erscheint. Der Gesetzeswortlaut bildet dabei Ausgangspunkt und unüber-
steigbare Grenze der Auslegung zugleich; dies gilt selbstverständlich auch
für die verfassungskonforme Auslegung einer Rechtsvorschrift.

Legt man diesen Gesichtspunkt zugrunde, so ist eine Auslegung des
§ 48 Abs. 2 BBergG in dem Sinne, daß eine verfassungswidrige Duldungspflicht als entgegenstehendes überwiegendes öffentliches Interesse, das
zur Untersagung der Aufsuchung oder Gewinnung von Bodenschätzen
berechtigt, gewertet wird, mit dem Wortlaut der Vorschrift nicht zu
vereinbaren[38]. Hier liegt eine Verwechselung der generellen Unanwend-
barkeit einer Norm wegen Verfassungswidrigkeit und der Subsumtion bei
der Einzelfallanwendung unter das Tatbestandsmerkmal des entgegenstehenden „überwiegenden öffentlichen Interesses" vor. Eine verfassungswidrige Norm anzuwenden, mag einem überwiegenden öffentlichen
Interesse entgegenstehen; das ist aber ein anderes Interesse als der Geneh-
migungsversagungsgrund des § 48 Abs. 2 BBergG. Es ist das allgemeine
öffentliche Interesse daran, verfassungswidrige Normen nicht anzuwenden; nicht das konkrete öffentliche Interesse, das der Genehmigung eines
Betriebsplans entgegenstehen kann.

3. Das Urteil läßt es im Hinblick auf die Bestandsschutzgarantie des
Art. 14 Abs. 1 GG bei seiner Unterscheidung der erheblichen und der
unerheblichen Eigentumsbeeinträchtigungen an einer deutlichen, vor
allem anwendungssicheren Abgrenzung fehlen. Konkret gefragt: Wann ist
eine Eigentumsbeeinträchtigung von „einigem Gewicht" und deshalb
abwehrfähig bzw. wann erreicht die Eigentumsbeeinträchtigung zwar ein
„erhebliches Ausmaß", muß aber dennoch hingenommen werden?[39]

---

[38] *Beckmann* (Fn. 31), DVBl. 1989, 669, 671; erklärlich wird der Griff des
BVerwG zu einer verfassungskonformen Auslegung des § 48 Abs. 2 BBergG nur
dadurch, daß der Senat – zu Recht – Drittschutz aus den §§ 55 Abs. 1 Nr. 3, 5, 7 und
9 BBergG verneinen mußte und sich für einen etwaigen Drittschutz aus dem Gebot
der Rücksichtnahme durch seine eigene, bisherige Rechtsprechung den Weg ver-
stellt hatte; zu letzterem vgl. aber VG Düsseldorf, Urteil v. 19. 10. 1982 – 3 K 1329/
80 –, ZfB 124 (1983), 202, 217 f.
[39] *Ders.*, ebd.; hinter dieser Abgrenzung verbirgt sich im Prinzip die mit dem
gleichen Mangel behaftete „Schweretheorie" des BVerwG, s. dazu nur BVerwG,
Urteil v. 22. 5. 1987 – 4 C 17–19/84 –, NJW 1987, 2884, 2885; BVerwG, Urteil v.
14. 12. 1979 – 4 C 10.77 –, BVerwGE 59, 253, 263; vgl. in diesem Zusammenhang
aus grundrechtsdogmatischer Perspektive auch *Scherzberg*, Grundrechtsschutz
und „Eingriffsintensität", 1989, passim.

Angesichts dieser Unklarheiten in der Abgrenzung darf es nicht verwundern, daß einzelne Obergerichte bereits die „Gunst der Stunde" genutzt haben, um die bergrechtliche Duldungspflicht des Grundeigentümers nur dann auszuschließen, „wenn schwerwiegende – über das ‚normale' Bild von Bergschäden hinausgehende – Folgen des Bergbaus unvermeidbar oder doch wenigstens in einem hohen Grade wahrscheinlich sind"[40]. Im Ergebnis unterminiert das Bundesverwaltungsgericht damit zumindest teilweise den von ihm auf der Grundlage der Naßauskiesungsentscheidung des Bundesverfassungsgerichts eingeleiteten Wandel in der bergrechtlichen Eigentumsdogmatik.

4. Widerspruch muß schließlich die „klarstellende Bemerkung" des Senats hervorrufen, daß bei einem umfangreichen Bergbauvorhaben nicht notwendig in jedem einzelnen Betriebsplanzulassungsverfahren jeder möglicherweise betroffene Eigentümer zu beteiligen sei[41]. Mag diese „Klarstellung" auch von der Sorge des Gerichts um den Erhalt der Praktikabilität des bergrechtlichen Betriebsplanzulassungsverfahrens[42] getragen sein, so wird damit doch verkannt, daß sich nur unter Beteiligung der betroffenen Grundeigentümer überhaupt klären läßt, welche Art von Schäden das bergbauliche Vorhaben nach sich ziehen wird. Eine grobe Schadensabschätzung allein würde dem Interesse des Eigentümers am Bestand des Eigentums als Ausdruck seiner persönlichen Freiheit nicht gerecht[43].

Neben diesen verfassungsrechtlichen und methodischen Bedenken gegen eine verfassungskonforme Auslegung des geltenden Bergrechts, insbesondere des § 48 Abs. 2, verbleiben auch auf einfachrechtlicher Ebene noch zahlreiche ungelöste Probleme. Sie sollen an dieser Stelle nur in Form einiger Fragen angerissen werden, um die Komplexität der Problematik zu verdeutlichen.

So stellt sich etwa die Frage, ob die Genehmigungsentscheidung über den Betriebsplan, so wie das Bundesverwaltungsgericht sie nunmehr versteht, überhaupt noch eine (eindimensionale) Kontrollentscheidung

---

[40] OVG NW, Beschluß v. 25. 4. 1989 – 12 B 2614/88 –, DVBl. 1989, 1013, 1015.

[41] BVerwG, Urteil v. 16. 3. 1989 – 4 C 36.85 –, DVBl. 1989, 663, 668.

[42] Zur Praktikabilität des bergrechtlichen Betriebsplanzulassungsverfahrens siehe kritisch *Hans Schulte* (Fn. 1), NVwZ 1989, 1138, 1141 f.; *Sellner,* Das Verhältnis von Bergbau und Grundeigentum nach dem Moers-Kapellen-Urteil des Bundesverwaltungsgerichtes vom 16. 3. 1989, Vortrag im Bergrechtsseminar des Instituts für Energierecht in Köln am 18. 6. 1990, unveröffentl. Manuskript, S. 46 f., 54 f.

[43] *Beckmann* (Fn. 31), DVBl. 1989, 669, 672; *Hoppe/Beckmann* (Fn. 26), S. 75 ff.

oder bereits eine (gestalterische) Planentscheidung darstellt, wenn § 48 Abs. 2 BBergG derart in die Genehmigungsentscheidung einbezogen wird, daß eine Abwägung zwischen Eigentums- und Bergbauinteressen stattfindet. Was ist Inhalt der Abwägung und wie sieht die Abwägung aus? Gegenstand der Abwägung dürften der Gewinnungsvorteil des Abbauberechtigten einerseits und der erhebliche Bergschaden des Oberflächeneigentümers andererseits sein. Bei einer unverhältnismäßigen Beeinträchtigung des Oberflächeneigentums ist nach der Rechtsprechung des Bundesverwaltungsgerichts von einer Planungsleitlinie auszugehen, die zwingend zur Ablehnung des bergbaulichen Vorhabens führen muß[44]. Daran knüpft sich dann unmittelbar die schwierige Frage an, ob der Verhältnismäßigkeitsgrundsatz nur als letztes Korrekturmittel für äußerst krasse Fälle der Disproportionalität im Abwägungsvorgang und Abwägungsergebnis eingreifen kann[45]. Die Aufzählung offener Fragen und ungelöster Probleme ließe sich in diesem Zusammenhang verlängern. Sie zeigt deutlich, daß ein solches Problem durch Richterrecht nicht gelöst werden kann. Die Duldungspflicht ist und bleibt verfassungswidrig. Gesetzgebung, Rechtsprechung und Wissenschaft sind deshalb auch weiterhin gefordert, ihren Beitrag zu einer sachgerechten Auflösung des Spannungsverhältnisses von Bergwerkseigentum und Oberflächeneigentum zu leisten.

Von daher verwundert es nicht, daß sich der Gesetzgeber unter dem Eindruck der Moers-Kapellen-Entscheidung des Bundesverwaltungsgerichts, insbesondere der darin sichtbar werdenden Ansätze zu einem gewandelten Verständnis bergrechtlicher Duldungspflichten des Grundeigentümers, der Problematik unmittelbar angenommen hat. So empfahl der Wirtschaftsausschuß des Deutschen Bundestages eine „verfahrenstechnische Ergänzung des § 48 Abs. 2 BBergG". Soweit „öffentliche Interessen" gemäß § 48 Abs. 2 BBergG nach der Rechtsprechung des Bundesverwaltungsgerichts im Einzelfall auch den Schutz von Rechten Dritter umfassen könnten, sei es zur Vermeidung etwa zu befürchtender Verfahrensfehler angezeigt, für die Beteiligung der insoweit betroffenen Dritten anstelle einer an sich gebotenen Einzelbeteiligung unter bestimmten Vor-

---

[44] Siehe dazu BVerwG, Urteil v. 16. 3. 1989 – 4 C 36.85 –, DVBl. 1989, 663, zweiter Leitsatz: § 48 Abs. 2 BBergG ist verfassungskonform dahin auszulegen, daß die zuständige Behörde die Aufsuchung oder Gewinnung von Bodenschätzen beschränken oder untersagen *muß*, wenn – unbeschadet der in §§ 114 ff. BBergG getroffenen Bergschadensregelung – nur dadurch eine unverhältnismäßige Beeinträchtigung des Oberflächeneigentums vermieden werden kann; insoweit ist § 48 Abs. 2 BBergG auch nachbarschützend; vgl. insoweit auch *Sellner* (Fn. 42), S. 40 ff.

[45] Vgl. dazu OVG NW, Beschluß v. 25. 4. 1989 – 12 B 2614/88 –, DVBl. 1989, 1013, 1015; *Sellner* (Fn. 42), S. 45 ff.

aussetzungen ein Auslegeverfahren vorzusehen[46]. Dieser Vorschlag hat Eingang in die Bundesberggesetz-Novelle 1990 gefunden; sie soll deshalb nachfolgend auf ihren Beitrag zur Auflösung des Spannungsverhältnisses von Bergwerkseigentum und Oberflächeneigentum untersucht werden.

IV. Der Beitrag der Bundesberggesetz-Novelle 1990 zur Auflösung des Spannungsverhältnisses von Bergwerkseigentum und Oberflächeneigentum

Mit der Bundesberggesetz-Novelle 1990 hat der Gesetzgeber eine rechtspolitische Grundsatzentscheidung zugunsten eines bergrechtlichen Planfeststellungsverfahrens getroffen. Fragt man nunmehr danach, ob und inwieweit das Planfeststellungsverfahren geeignet ist, den vom Bundesverwaltungsgericht aufgestellten verfassungsrechtlichen Grundanforderungen im Bergrecht – umfassende und sachgerechte Abwägung aller von einem Bergbauvorhaben betroffenen Belange; Grundrechtsschutz durch Verfahren – gerecht zu werden, so ist es zunächst erforderlich, sich die materiellen Wesensmerkmale der Planfeststellung im allgemeinen und der bergrechtlichen Planfeststellung im besonderen zu vergegenwärtigen. Auf dieser Grundlage können dann die gesetzgeberischen Regelungsansätze zur „Entkrampfung" des äußerst schwierigen und spannungsreichen Verhältnisses von Bergwerkseigentum und Oberflächeneigentum gewürdigt werden.

1. Wesensmerkmale der Planfeststellung

Die Aufgabe des Planfeststellungsverfahrens besteht darin, die Zulässigkeit eines raumbedeutsamen Vorhabens unter Abwägung und Ausgleichung der Interessen des Trägers des Vorhabens und der von der Planung berührten öffentlichen und privaten Belange in *einem* Verfahren zu prüfen und einer rechtsverbindlichen Entscheidung zuzuführen[47]. Charakteristisch für die Planfeststellung ist, daß sie andere für das Vorhaben erforderliche behördliche Entscheidungen (Genehmigungen, Verleihungen, Erlaubnisse, Bewilligungen, Zustimmungen, Planfeststellungen) ersetzt und zugleich rechtsgestaltend alle öffentlich-rechtlichen Beziehungen zwischen dem Träger des Vorhabens und den durch den Plan Betroffenen regelt (§ 75 Abs. 1 VwVfG). Der Planfeststellungsbeschluß entfaltet außerdem privatrechtsgestaltende Wirkung, soweit gemäß § 75

---

[46] Bericht des Abgeordneten Gerstein zur Bundesberggesetz-Novelle 1990, BT-Drucks. 11/5601, ZfB 131 (1990), 85, 104, 109.
[47] *Kügel*, Der Planfeststellungsbeschluß und seine Anfechtbarkeit, 1985, S. 29; vgl. dazu auch *Wahl*, HdUR, Bd. II, Sp. 167 ff.

Abs. 2 Satz 1 VwVfG Ansprüche auf Unterlassung des Vorhabens, auf Beseitigung oder Änderung der Anlage oder auf Unterlassung ihrer Benutzung ausgeschlossen werden. Wesensmerkmal der Planfeststellung ist damit eine umfassende Konzentrations- und Gestaltungswirkung[48].

Die Planfeststellung soll vor allem dadurch gekennzeichnet sein, daß sie der planerischen Gestaltungsfreiheit der entscheidenden Behörde unterliege. Die planerische Gestaltungsfreiheit gilt unabhängig von einer etwaigen positiv-rechtlichen Normierung als allgemeiner Rechtsgrundsatz in allen Planfeststellungsverfahren, weil Planung ohne Gestaltungsfreiheit ein Widerspruch in sich wäre[49]. Die rechtlichen Grenzen der planerischen Gestaltungsfreiheit sollen sich aus dem Erfordernis einer vor Art. 14 GG standhaltenden Planrechtfertigung, aus Planungsleitsätzen sowie aus den Anforderungen des den Abwägungsvorgang und das Abwägungsergebnis steuernden Abwägungsgebots ergeben[50]. Ob diese aus der bauleitplanerischen Gestaltungsfreiheit und Abwägung übernommenen Charakterisierungen für jedes fachplanerische Planfeststellungsverfahren gelten, ist nicht unbestritten[51]. Darauf ist zurückzukommen.

2. Das bergrechtliche Planfeststellungsverfahren nach der Bundesberggesetz-Novelle 1990

Ausgangspunkt der Bundesberggesetz-Novelle 1990 war zum einen der Umstand, daß die europäische Richtlinie über die Umweltverträglichkeitsprüfung für den Bereich des Bergbaus in innerstaatliches Recht umgesetzt und das Bundesberggesetz mit den Vorschriften des Gesetzes über die Umweltverträglichkeitsprüfung koordiniert werden sollte. Zum anderen war beabsichtigt, bei bestimmten umweltrelevanten Vorhaben ein Planfeststellungsverfahren zur Zulassung von Rahmenbetriebsplänen einzuführen und die Vorschriften des Bundesberggesetzes über das Betriebsplanverfahren mit den verwaltungsverfahrensrechtlichen Vorschriften über das Planfeststellungsverfahren inhaltlich abzustimmen.

Was den Koordinierungsbedarf zwischen dem bergrechtlichen Betriebsplanverfahren und dem verwaltungsverfahrensrechtlichen Plan-

---

[48] Siehe dazu *Ronellenfitsch*, Einführung in das Planungsrecht, 1986, S. 109; zum Umfang der Konzentrationswirkung der Planfeststellung vgl. *Laubinger*, Der Umfang der Konzentrationswirkung der Planfeststellung, VerwArch. 75 (1986), 77 ff.

[49] BVerwG, Urteil v. 14. 2. 1975 – IV C 21.74 –, BVerwGE 48, 56, 59; *Rausch*, Umwelt- und Planungsrecht beim Bergbau, 1990, S. 239 m. w. N.

[50] Vgl. BVerwG, Urteil v. 20. 8. 1982 – 4 C 81.79 –, NJW 1983, 296, 297.

[51] *Beckmann*, Die Umweltverträglichkeitsprüfung und das rechtssystematische Verhältnis von Planfeststellungsbeschlüssen und Genehmigungsentscheidungen, DÖV 1987, 944 ff., 948.

feststellungsrecht anlangte, so hatten in jüngerer Zeit vor allem die mangelnde Öffentlichkeitsbeteiligung und die fehlende Konzentrationswirkung Kritik hervorgerufen[52]. Unter dem Eindruck der Tatsache, daß der Steinkohlenbergbau im Zeichen eines sich verändernden Weltenergiemarktes mehr und mehr seine Monopolstellung als Energieträger verlor, schwand in der Bevölkerung zunehmend die Akzeptanz für umfangreiche, raumbedeutsame und in ihren Auswirkungen auf das Grundeigentum nicht zu unterschätzende bergbauliche Vorhaben. Um so mehr wurde deshalb für die betroffenen Bürger die mangelnde Öffentlichkeitsbeteiligung im bergrechtlichen Betriebsplanverfahren gerügt.

Konzentrationswirkung – sei es auch nur partieller Art, wie sie z. B. § 13 BImSchG vorsieht – hatte der Berggesetzgeber bis zur Bundesberggesetz-Novelle 1990 stets ausdrücklich abgelehnt[53]. Aufgrund dessen blieb das Bundesberggesetz z. B. hinter dem von der Materie her durchaus verwandten Abgrabungsrecht zurück. So sieht etwa § 7 Abs. 3 Abgrabungsgesetz NW vor, daß die Abgrabungsgenehmigung, die aufgrund der Landesbauordnung, des Bundesnaturschutzgesetzes, des Landschaftsgesetzes, des Landesforstgesetzes oder des Landesstraßengesetzes für die Abgrabung und Herrichtung erforderlichen Verwaltungsentscheidungen einschließt. Angesichts des mit der Komplexität eines Vorhabens zunehmenden Bedürfnisses nach horizontaler Verfahrenskonzentration und der regelmäßig geringeren Komplexität eines Abgrabungsvorhabens im Vergleich mit einem bergbaulichen Vorhaben rief dieser Rechtszustand zunehmend Verwunderung hervor[54].

Mit der Bundesberggesetz-Novelle 1990 hat der Gesetzgeber beiden Gesichtspunkten, nämlich sowohl der notwendigen Konzentrationswirkung als auch der erforderlichen Öffentlichkeitsbeteiligung im bergrechtlichen Betriebsplanverfahren, zumindest ansatzweise Rechnung getragen[55]. So ist gemäß § 52 Abs. 2 a BBergG die Aufstellung eines Rahmenbetriebsplanes zu verlangen und für dessen Zulassung ein Planfeststellungsverfahren nach Maßgabe der §§ 57 a und 57 b durchzuführen, wenn ein Vorhaben nach § 57 c, d. h. aufgrund des vom Bundesminister für Wirt-

---

[52] *Kühling*, Fachplanungsrecht, 1988, Rdn 383 ff.; *Kühne*, Die Einführung der Umweltverträglichkeitsprüfung im Bergrecht, UPR 1989, 326.
[53] *Zydeck*, Bundesberggesetz, 1980, S. 247.
[54] *Kühne*, Verfahrensstufung im bergrechtlichen Betriebsplanverfahren, UPR 1986, 81, 87.
[55] Vgl. dazu im Hinblick auf die Konzentrationswirkung *Rausch* (Fn. 49), S. 240.

schaft durch Rechtsverordnung geregelten Projektkatalogs, einer
Umweltverträglichkeitsprüfung bedarf. Auch ohne ausdrückliche Erwähnung ergibt sich daraus in Verbindung mit den §§ 72 ff. VwVfG die
bislang fehlende Konzentrationswirkung und die verstärkte Öffentlichkeitsbeteiligung. Das im Falle des § 52 Abs. 2 a BBergG durchzuführende
Planfeststellungsverfahren tritt an die Stelle des Verfahrens nach den §§ 54
und 56 Abs. 1 BBergG. Anhörungsbehörde und Planfeststellungsbehörde
ist die für die Zulassung von Betriebsplänen zuständige Behörde (§ 57 a
Abs. 1 Satz 1 und 2 BBergG).
Die verfahrensrechtliche Verknüpfung der Rahmenbetriebsplanzulas-
sung mit der Planfeststellung soll die materiell-rechtlichen Voraussetzungen für die Zulassung eines Rahmenbetriebsplans nicht modifizieren[56].
Auch nach der Bundesberggesetz-Novelle 1990 bleibe die Rahmenbe-
triebsplanzulassung ihrer Rechtsnatur nach eine Kontrollerlaubnis[57]. In
der Begründung des Regierungsentwurfs zur Bundesberggesetz-Novelle
1990 heißt es in diesem Zusammenhang, „daß eine über die in den von
der Planfeststellung mitumfaßten einzelgesetzlichen Vorschriften hinausgehende zusätzliche ‚Planrechtfertigung' nicht erforderlich ist und daß
der planfeststellenden Behörde bei ihrer Entscheidung ein über das gel-
tende Recht hinausgehender zusätzlicher Entscheidungsspielraum nicht
zusteht"[58].
Gleichwohl sind in letzter Zeit im Schrifttum immer häufiger Stimmen
laut geworden, die die Betriebsplanzulassung nach § 55 BBergG vom
materiellen Entscheidungsgehalt her als Planungsentscheidung charakte-
risieren. Es wird darauf hingewiesen, daß § 55 BBergG zwar als Genehmigungstatbestand mit gesetzlich umschriebenen Zulassungsvorausset-
zungen formuliert sei, doch habe das Bundesverwaltungsgericht die
Regelung des § 48 Abs. 2 BBergG in den Genehmigungstatbestand mit
einbezogen[59].

---

[56] Siehe dazu *ders.*, ebd., S. 242.
[57] *Ders.*, ebd., S. 38 m. w. N. in Fn. 122, 242.
[58] Amtliche Begründung zu dem von der Bundesregierung eingebrachten
Gesetzentwurf zur Änderung des Bundesberggesetzes, BT-Drucks. 11/4015, ZfB
131 (1990), 85, 89, 96.
[59] *Kühling* (Fn. 52), Rdn. 69; *Seibert*, Urteilsanmerkung zu BVerwG, Urteil v.
4. 7. 1986 – 4 C 31.84 –, DVBl. 1986, 1273 ff., DVBl. 1986, 1277, 1278; *Wahl*,
Entwicklung des Fachplanungsrechts, NVwZ 1990, 426, 428 f.; dezidiert a. A. im
Hinblick auf die vergleichbare Vorschrift des § 11 Nr. 10 BBergG VGH Baden-
Württemberg, Urteil v. 9. 6. 1988 – 6 S 2972/84 –, VBlBW 1988, 398, 400 –
Menzenschwand –.

Das bergrechtliche Planfeststellungsverfahren wird als „atypisches Planfeststellungsverfahren"[60] und als „eine Art von Genehmigungsplanung"[61] bezeichnet. Gleichgültig, wie man das bergrechtliche Planfeststellungsverfahren bezeichnet, es ist vor einer Entwicklung zu warnen: Es wäre verfehlt, die gesamte Abwägungsdogmatik, die Abwägungsfehlerlehre und die Abwägungsgrundsätze, wie sie sich zur Bauleitplanung entwickelt haben, dem bergrechtlichen Planfeststellungsverfahren „überzustülpen".

Die Abwägung umfaßt zwei Komponenten, die bei der Bauleitplanung voll, bei Planfeststellungen aber nur teilweise zum Tragen kommen:

– der Interessenausgleich der in die Abwägung einzustellenden Belange, zu denen das Abwägungsmaterial vollständig zusammengestellt werden muß und die sachgerecht gewichtet werden müssen,
– der planerisch-schöpferische Vorgang, aufgrund dessen über die gleichgewichtigen Belange gestaltend entschieden wird.

Auf dem zuletzt genannten Moment beruht die oft erwähnte Gestaltungsfreiheit.

Es muß darauf geachtet werden, daß bei der bergbaulichen Betriebsplanung aufgrund der Einbeziehung des § 48 Abs. 2 BBergG in das Genehmigungsverfahren ein Interessenausgleich umfassender Art angeordnet ist, eine planerisch-schöpferische Gestaltung aber nicht in Rede steht, ähnlich wie bei sonstigen Planfeststellungsverfahren[62]. Der Betriebsplanzulassung oder Nichtzulassung liegt eine zweidimensionale Nutzungsentscheidung, nämlich ein Ja oder Nein, zugrunde[63]. Gestalterische Nutzungsalternativen scheiden aus, weil die Nutzungsmöglichkeiten eindimensional sind[64]. Die standortgebundene Produktion ist durch die Unmöglichkeit der Reproduktion und der Vermehrung von Lagerstätten ebenso gekennzeichnet wie durch die Weiterarbeit an diesem Standort in noch nicht abgearbeiteten Feldern[65].

---

[60] *Kühne* (Fn. 52), UPR 1989, 326, 327; *Rausch* (Fn. 49), S. 243; vgl. auch *Hans Schulte*, Gemeinschädliche Einwirkungen nach § 55 BBergG, in: Berg- und Energierecht vor den Fragen der Gegenwart, FS Fabricius zum 70. Geburtstag, hrsg. von Hüffer/Ipsen/Tettinger, 1989, S. 149, 162 „Zur Planfeststellung gemäß dem RegE fällt allerdings auf, daß hier eine sehr spezifische Planfeststellung beabsichtigt ist, sozusagen eine ganz spezielle bergrechtliche Planfeststellung".

[61] *Kühne*, ebd., UPR 1989, 326, 328.

[62] Siehe *Beckmann* (Fn. 51), DÖV 1987, 944 ff., 948.

[63] Siehe dazu *Kühne* (Fn. 52), UPR 1989, 326, 328; wenn *Kühne* allerdings meint, das bergrechtliche Betriebsplanzulassungsverfahren sei nicht auf eine umfassende Interessenabwägung angewiesen, so erscheint das unzutreffend.

[64] Siehe *Hoppe*, Bergbauberechtigungen als verfassungskräftige Eigentumspositionen und der Schutz gegenüber Planung, DVBl. 1982, 101, 106.

[65] *Hoppe*, ebd.; *Westermann* (Fn. 1), S. 17.

28

Diese Besonderheiten des Bergbaus müssen dringend bei einer auf die bergrechtliche Betriebsplanfeststellung ausgerichteten Abwägungsdogmatik berücksichtigt werden. Vor allem ist die Frage zu stellen, wer hat den Interessenausgleich im Rahmen der Abwägung vorzunehmen, der Unternehmer oder die Planfeststellungsbehörde? Es sollte strikt an der Auffassung festgehalten werden, daß das Bergbauunternehmen den Interessenausgleich selbst vornimmt und die Planfeststellungsbehörde nur kontrolliert[66]. Man kann auch nicht – wie *Kühling*[67] meint – die Planfeststellungsbehörde rechtlich so behandeln, als ob es sich um ihre eigene Planung handele.

Es müssen daraus die Konsequenzen für die Kontrolldichte der Planfeststellungsbehörde und die der gerichtlichen Kontrolle gezogen werden. Vor allem ist zu fragen, inwieweit bei einer rein kontrollierenden Entscheidung ein Anspruch auf Betriebsplanzulassung besteht. Es muß um eine sachadäquate Entwicklung von Handlungs- und Kontrollmaßstäben gerungen werden. Sind alle in der Abwägungsdogmatik entwickelten Gebote der Konfliktbewältigung und der Rücksichtnahme auf diese Betriebszulassung übertragbar, müssen sie modifiziert werden?[68] Welche Rolle spielt bei der Abwägung die Vorrangstellung der Rohstoffsicherung in § 48 Abs. 1 Satz 2 BBergG (Rohstoffsicherungsklausel)?[69]

Diese Fragen können im Rahmen eines Vortrages nicht vertieft werden.

3. Auswirkungen der Bundesberggesetz-Novelle 1990 auf das Rechtsverhältnis zwischen der Bergbehörde, dem Bergbauunternehmen und dem Grundeigentümer

Fragt man nunmehr nach den Auswirkungen der Bundesberggesetz-Novelle 1990 auf das Rechtsverhältnis zwischen der Bergbehörde, dem Bergbauunternehmen und dem Grundeigentümer, so ist zunächst festzustellen, daß sich die Novellierung des Bundesberggesetzes im wesentlichen auf verfahrensrechtliche Regelungen beschränkt und sich materieller Änderungen des Bergrechts weitgehend enthält. Im Regierungsentwurf der Bundesregierung heißt es deshalb auch ausdrücklich, es solle vermieden werden, „daß das komplexe bergrechtliche Instrumentarium, das einen besonders gearteten Interessenausgleich zwischen Unternehmer,

---

[66] Siehe zu diesem Problem *Kühling* (Fn. 52), Rdn. 13.
[67] *Ders.*, ebd.
[68] Siehe *Hoppe/Beckmann* (Fn. 26), S. 146 ff.
[69] Siehe *Hoppe*, Die Einschränkung bergbaulicher Berechtigungen durch eine Nationalpark-Verordnung – am Beispiel des Niedersächsischen Wattenmeeres, DVBl. 1987, 757, 761 ff; BVerwG, Urteil v. 4. 7. 1986 – 4 C 31.84 –, DVBl. 1986, 1274.

Grundeigentümern und sonstigen Dritten in einem ausgewogenen System vorsieht, aus dem Gleichgewicht gebracht und zugunsten oder zu Lasten einer Seite verändert wird... Auch die Regelung des Verhältnisses zwischen Bergbau und Grundeigentum, das durch genau festgelegte Duldungspflichten des Grundeigentümers sowie umgekehrt durch weitreichende Ersatzpflichten des Unternehmers gekennzeichnet ist, darf nicht dadurch in Frage gestellt werden, daß Eingriffsmöglichkeiten der Behörde ... geschaffen werden, ... dem Träger des Vorhabens Vorkehrungen zur Vermeidung nachteiliger Wirkungen auf Rechte anderer aufzuerlegen, während das Bergrecht den Interessenkonflikt anderweitig abschließend und insbesondere nicht einseitig zu Lasten einer Seite löst"[70].

Diese „Enthaltsamkeit" des Berggesetzgebers hinsichtlich materieller Änderungen des Bergrechts erscheint vor dem Hintergrund der Moers-Kapellen-Entscheidung des Bundesverwaltungsgerichts und der darin sichtbar werdenden Ansätze zu einem gewandelten Verständnis bergrechtlicher Duldungspflichten des Grundeigentümers nicht unproblematisch.

Dennoch sollen an dieser Stelle die verfahrensrechtlichen Neuregelungen nicht unerwähnt bleiben, die sich zumindest auch auf die materiell-rechtlichen Beziehungen zwischen dem Bergbauunternehmen und dem Grundeigentümer auswirken.

Aus der Sicht der von einem Bergbauvorhaben betroffenen Grundeigentümer ist dies zunächst die bereits erwähnte Ergänzung des § 48 Abs. 2 BBergG. Soweit die öffentlichen Interessen im Sinne des § 48 Abs. 2 Satz 1 BBergG danach zugleich den Schutz von Rechten Dritter umfassen, kann die für die Zulassung von Betriebsplänen zuständige Behörde den Plan auslegen, wenn voraussichtlich mehr als 300 Personen betroffen sind oder der Kreis der Betroffenen nicht abschließend bekannt ist (§ 48 Abs. 2 Satz 2 BBergG). Der Berggesetzgeber hat damit der Forderung des Bundesverwaltungsgerichts Rechnung getragen, Grundeigentumsbeeinträchtigungen von einigem Gewicht nicht durch eine behördliche Entscheidung zu sanktionieren, ohne daß sich die Betroffenen zuvor mit ihren Einwendungen zu Gehör bringen konnten und eine Abwägung der entgegenstehenden Interessen am Maßstab des Verhältnismäßigkeitsgrundsatzes stattgefunden hat[71].

---

[70] Amtliche Begründung zu dem von der Bundesregierung eingebrachten Gesetzentwurf zur Änderung des Bundesberggesetzes, BT-Drucks. 11/4015, ZfB 131 (1990), 83, 89, 96 f.
[71] BVerwG, Urteil v. 16. 3. 1989 – 4 C 36.85 –, DVBl. 1989, 663, 668; vgl. dazu auch *Sellner* (Fn. 42), S. 26 ff., 35 ff., der die Verfahrensbeteiligung bestimmter Oberflächeneigentümer als formelle Konsequenz und die im Rahmen des § 48 Abs. 2 BBergG vorzunehmende Abwägung unter Anwendung des Verhältnismäßigkeitsgrundsatzes als materielle Konsequenz des Moers-Kapellen-Urteils

Aus der Sicht der Bergbauunternehmen dürfte demgegenüber vor allem die Vorschrift des § 57 b BBergG besondere Erwähnung verdienen. Unter Anknüpfung an vergleichbare Regelungen in § 9 a WHG und § 7 a AbfG eröffnet sie die Möglichkeit, die Ausführung eines Bergbauvorhabens schon nach Einleitung des Planfeststellungsverfahrens zulassen zu können, wenn erstens mit einer Entscheidung zugunsten des Unternehmers gerechnet werden kann, zweitens eine nicht wieder gutzumachende Beeinträchtigung von Natur und Landschaft nicht zu besorgen ist, drittens an dem vorzeitigen Beginn ein öffentliches Interesse oder ein berechtigtes Interesse des Unternehmers besteht und viertens der Unternehmer sich verpflichtet, alle bis zur Entscheidung durch die Ausführung des Vorhabens verursachten Schäden zu ersetzen und, falls das Vorhaben nicht planfestgestellt wird, den früheren Zustand wiederherzustellen.

Geht man davon aus, daß in der bergrechtlichen Praxis von der Vorschrift des § 57 b BBergG ähnlich häufig Gebrauch gemacht werden wird wie von den §§ 9 a WHG und 7 a AbfG[72], so darf doch der Ausnahmecharakter einer Zulassung vorzeitigen Beginns nicht übersehen werden, wenn man nicht den sich aus den §§ 52 Abs. 2 a Satz 1 BBergG i. V. m. §§ 72 ff. VwVfG ergebenden Grundsatz der Vorherigkeit bergrechtlicher Zulassungen aushöhlen will. Auch und gerade wegen der schutzwürdigen Interessen betroffener Grundeigentümer erscheint deshalb eine restriktive Handhabung der Voraussetzungen des § 57 b BBergG dringend angezeigt.

Ich komme damit zum Schluß: Mit der Bundesberggesetz-Novelle 1990 hat der Gesetzgeber nicht nur die europäische Richtlinie über die Umweltverträglichkeitsprüfung in innerstaatliches Recht umgesetzt, sondern zugleich einen ersten Schritt zur Auflösung des seit langem bestehenden Spannungsverhältnisses von Bergwerkseigentum und Oberflächeneigentum unternommen. Die rechtspolitische Grundsatzentscheidung des Gesetzgebers zugunsten der Einführung eines bergrechtlichen Planfeststellungsverfahrens erscheint insgesamt sachgerecht. Sie trägt dazu bei, die umfassende und sachgerechte Abwägung aller von einem Bergbauvorhaben betroffenen Belange zu gewährleisten und das zu Recht kritisierte

---

bezeichnet. Zweifel bestehen aber dahingehend, daß nach Ansicht *Sellners* der verfassungsrechtliche Grundsatz der Verhältnismäßigkeit lediglich eine äußerste Korrekturgrenze darstellen soll, derzufolge nur ein offensichtlich krasser Fall der Disproportionalität im Abwägungsvorgang und im Abwägungsergebnis einer rechtlichen Sanktion unterworfen ist (S. 45 ff.); zur Reichweite des Grundsatzes der Verhältnismäßigkeit im Zusammenhang mit der bergrechtlichen Duldungspflicht des Grundeigentümers s. *Hoppe/Beckmann* (Fn. 26), S. 89 ff.

[72] Siehe dazu *Schwermer*, in: Kunig/Schwermer/Versteyl, Abfallgesetz, 1988, § 7 a Rdn. 4.

Defizit einer ausreichenden Öffentlichkeitsbeteiligung im bergrechtlichen Betriebsplanzulassungsverfahren zu beheben. Dies sollte allerdings nicht den Blick dafür verstellen, sehr sorgfältig zu überlegen, welche Elemente des Planfeststellungsverfahrens und der Abwägungsdogmatik dem Betriebsplanverfahren und den tatsächlichen Besonderheiten des Bergbaus adäquat sind[73]. Einer genauen Analyse der tatsächlichen Besonderheiten des Bergbaus bedarf es dabei, damit jede vom Gesetzgeber, von der Rechtsprechung oder der Rechtswissenschaft ins Auge gefaßte Regelung auch den praktischen Anforderungen des Bergbaus gerecht wird. Nur auf diesem Wege dürfte letztlich eine zumindest teilweise Harmonisierung der Interessen des Bergwerkseigentümers und des Oberflächeneigentümers zu erreichen sein.

---

[73] Vgl. dazu BVerwG, Urteil v. 16.3.1989 – 4 C 36.85 –, DVBl. 1989, 663, 664 f.; *Sellner* (Fn. 42), S. 11 ff.

.

www.ingramcontent.com/pod-product-compliance
Lightning Source LLC
Chambersburg PA
CBHW050648190326
41458CB00008B/2458

* 9 7 8 3 1 1 0 1 2 9 0 2 1 *